NEUE WILDNIS

Monika Lawrenz   Jürgen Reich   Roman Vitt

NEUE WILDNIS

Nationalparks in
Mecklenburg-Vorpommern

Tecklenborg

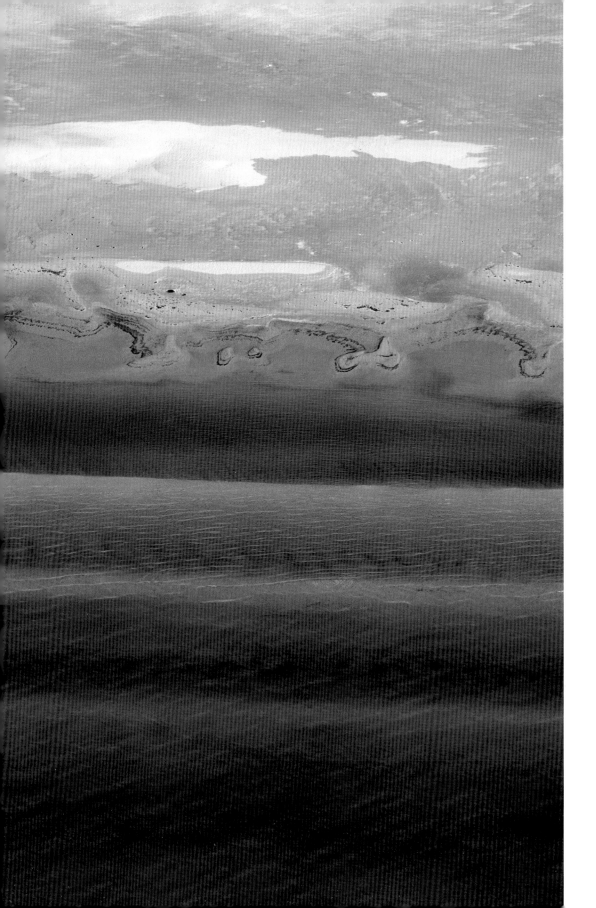

INHALT

6 Vorwort

8 Nationalpark Vorpommersche Boddenlandschaft

64 Müritz-Nationalpark

116 Nationalpark Jasmund

VORWORT

Mecklenburg und Vorpommern haben eine lange Geschichte im deutschen Naturschutz. Wilhelm Malte Fürst zu Putbus rettete bereits um 1808 den altehrwürdigen Wald auf der Insel Vilm vor dem Kahlschlag durch napoleonische Besatzungstruppen. Prinzessin Elisabeth von Preußen regte 1825 den Schutz der alten Bäume im Universitätswald Eldena an, der seither *Elisenhain* genannt wird. Zwei Jahrzehnte später verfügte Georg IV. Herzog von Mecklenburg-Strelitz die Erhaltung eines Buchenwaldes bei Feldberg, der heute als Naturschutzgebiet *Heilige Hallen* und ältester Buchenwald Deutschlands bekannt ist.

Seit Ende des 19. Jahrhunderts ist der Seevogelschutz ein besonderes Anliegen an den Küsten des Landes. Die Kreideküste von Jasmund auf Rügen wurde 1929 formal zu einem der ersten Naturschutzgebiete Deutschlands erklärt, und in der Lewitz wurde 1938 mit über 7.000 Hektar Feuchtbiotop ein Naturschutzgebiet von beachtlicher Größe für den Erhalt von Wiesenvögeln gesichert. Nach dessen Verkleinerung im Jahr 1963 war das Ostufer der Müritz mit über 5.000 Hektar Fläche das mit Abstand größte Naturschutzgebiet der DDR. Mehrere Naturwaldreservate wurden schon vor Jahrzehnten aus jeglicher forstlichen Nutzung befreit und zählen heute zum besonders wertvollen Naturerbe Mecklenburg-Vorpommerns.

Nationalparks gab es jedoch nicht, obgleich es bereits in den 1950er Jahren Vorschläge gab, diese an der Müritz, auf dem Darß und auf Jasmund einzurichten. In den 70er Jahren diskutierten wir im Zentralen Fachausschuss Botanik des Kulturbundes die Entwicklung großer Schutzgebiete, welche zu der Zeit aber politisch nicht gewollt waren. Erst mit der Wende im Spätherbst 1989 öffnete sich ein kurzes Zeitfenster, das es für Fortschritte im Naturschutz zu nutzen galt.

Der Anstoß für ein Nationalparkprogramm der DDR ging von der Mecklenburger Bürgerinitiative *Müritz-Nationalpark* aus. Die Umsetzung dieses damals visionären Programms wurde von uns sowie weiteren Akteuren aus dem heutigen Mecklenburg-Vorpommern maßgeblich vorangetrieben und konnte schließlich realisiert werden. 30 Jahre später sind die Natur- und Nationalparks sowie Biosphärenreservate Markenzeichen Mecklenburg-Vorpommerns, das als Tourismus- und Gesundheitsland mit besonderem Reichtum an Natur und Landschaft eine führende Rolle in Deutschland einnimmt. Jedes Jahr werden die Großschutzgebiete von vielen hunderttausend Menschen aufgesucht, die in der Natur ebenso Freude und Entspannung wie Erkenntnis und Erfahrung finden. Mit Jasmund und Serrahn stellt Mecklenburg-Vorpommern zwei von fünf deutschen Teilgebieten der transnationalen UNESCO-Welterbestätte *Alte Buchenwälder und Buchenurwälder der Karpaten und anderer Regionen Europas*. Im Jahr 2018 wurde in den drei Nationalparks des Landes, Nationalpark Vorpommersche Boddenlandschaft, Müritz-Nationalpark und Nationalpark Jasmund, die Holznutzung für immer eingestellt.

Die Fotografien des vorliegenden Bandes von Monika Lawrenz, Jürgen Reich und Roman Vitt führen mit ungewöhnlichen, prachtvollen Darstellungen die faszinierende Schönheit der Nationalparks in Mecklenburg-Vorpommern vor Augen und bringen deren außergewöhnlichen, unersetzbaren Wert ins Bewusstsein. Zugleich mahnen sie, dass weiterhin erhebliche Anstrengungen nötig sind, um Naturwäldern und wilder Natur genügend Raum zu lassen sowie sozial und ökologisch verödete agrarindustrielle Produktionsräume zu lebendigen Kulturlandschaften für Mensch und Natur zu entwickeln.

Hans D. Knapp und Michael Succow

NEUE WILDNIS
Nationalpark Vorpommersche Boddenlandschaft

Nationalpark Vorpommersche Boddenlandschaft

Meer, Strand, Düne, Wald, Salzgrasländer, Röhrichte, Bodden – der Nationalpark Vorpommersche Boddenlandschaft schützt auf 78.600 Hektar einen einzigartigen Küstenraum. Er ist ein Meeresnationalpark, 83 Prozent seiner Fläche machen die Wasserflächen von Ostsee und Bodden aus. Wie innig Wasser und Land miteinander verwoben sind, wird anhand der Küstenlinie von 371 Kilometern deutlich. Die hier stattfindenden küstendynamischen Prozesse prägen die Landschaft. Erosion an aktiven Kliffs, küstenparalleler Transport und Neulandbildung durch Sedimentation verändern und schaffen immer wieder neue Lebensräume. Seit mehr als 100 Jahren engagieren sich Menschen für diese Landschaften von herausragendem Wert.

Die Naturschutzgeschichte begann mit dem Schutz der durch die Jagd bedrohten Vogelarten. Kleinere Teile des heutigen Nationalparks wurden als Naturschutzgebiete ausgewiesen. Die Ratifizierung der RAMSAR-Konvention durch die DDR machte 1978 weite Teile zum *Feuchtgebiet Internationaler Bedeutung*. Mit dem Nationalparkprogramm wurde 1990 der Nationalpark Vorpommersche Boddenlandschaft eingerichtet, der den Schutz dieses großen zusammenhängenden Gebietes sicherstellt. *Natur Natur sein lassen* ist fortan das vorrangige Entwicklungsziel für diese einmalige Küstenlandschaft. Jedoch hatten die wirtschaftliche Nutzung und im letzten Jahrhundert ganz besonders die intensive Landwirtschaft sowie die militärische Inanspruchnahme zu gravierenden Veränderungen geführt. Die Beseitigung von Altlasten und die Wiederherstellung natürlicher Wasserregime gehörten zu den wichtigsten Aufgaben nach Schutzgebietseinrichtung.

Schauen wir heute auf den Darßer Ort, den Ostzingst, den Dornbusch, den Bug, den Bock oder an viele andere Orte unseres Nationalparks, ist kaum mehr vorstellbar, welch umfangreiche Altlasten hier zu entsorgen waren. Alles, was mit der Kraft und dem Schwung der ersten Jahre nicht beseitigt werden konnte, sollte die Nationalparkverwaltung noch lange beschäftigen. So befinden wir uns beim Nothafen Darßer Ort erst jetzt, 30 Jahre nach Nationalparkgründung, auf der Zielgeraden. Einen Meilenstein der Nationalparkentwicklung markiert die Einstellung des Waldumbaus im Jahre 2016. Bis dahin wurden stark nutzungsgeprägte Bestände aus Fichte, Douglasie, Lärche und Kiefer durch Eingriffe strukturiert, um das Ankommen von Naturverjüngung autochthoner Laubbäume zu begünstigen und großflächige Zusammenbruchphasen zu vermeiden. Heute wird der natürlichen Waldentwicklung Raum gegeben. Nur in Pflegebereichen und zum Zweck der Verkehrssicherung an öffentlichen Straßen finden noch Eingriffe statt. Auf lange Zeit gesehen, wird der Wald alle Zweifler belehren und mit seiner natürlichen Schönheit die Menschen verzaubern.

Viel Kraft und Überzeugungsarbeit erfordern auch Projekte zur Wiederherstellung natürlicher Wasserverhältnisse. Bis heute sind nicht alle notwendigen Maßnahmen umgesetzt. Mit der Renaturierung des Osterwaldes ist uns ein wichtiger Schritt gelungen, ein ehemals landesweit bedeutsames Regenmoor vor weiterer Mineralisation zu bewahren und die Entwicklung zu einem intakten Moor zu ermöglichen. Mit der Renaturierung des Ostzingsts wird der freien Küstendynamik im Nationalpark wieder mehr Raum gegeben. Für den vorpommerschen Küstenraum, in dem die Ausgleichsküste zum Schutz des Menschen fast überall durch Hochwasserschutzanlagen gesichert ist, liegt hier das herausragende Alleinstellungsmerkmal des Nationalparks. In den Küstenvogelbrutgebieten bleibt der Schutz der seltenen und bedrohten Vogelarten das Ziel unserer Schutzbemühungen. Durch Beruhigung, Beweidung und Prädatorenmanagement sichern wir den uns anvertrauten Teil des Lebensraums der Brut- und Zugvögel. So schließt sich der Kreis von den ersten ehrenamtlichen Schutzbemühungen in dieser Landschaft bis zu unserer Tätigkeit als Nationalparkverwaltung. Der Nationalpark Vorpommersche Boddenlandschaft ist ein ganz besonderer Ort, ein Schatz, den es zu bewahren gilt.

Gernot Haffner,
Leiter des Nationalparkamtes Vorpommern

WINTERSTRAND

Der ewige Wind ordnet Schnee und fahlen Sand zu parallel verlaufenden Streifen an oder vermischt sie zu einer grauen Fläche. Viel Schnee gab es hier nie. In den letzten Jahrzehnten ist er durch den Klimawandel noch rarer geworden, während der Sand stetig zunimmt. Das Meer, meist rauchgrau, bleibt offen. Strenge Kälte ist selten, auch wenn alles eisig erscheint in der salzigen, fast immer windgetriebenen Luft. Das alte Seeadlerpaar stört das nicht. Es verlässt sein Revier, in dessen Mitte sich der Horst befindet, nur selten. Nahrung suchen die Adler vor allem am menschenleeren Strand, der auch das Streifrevier des Rotfuchses ist. Das Paar beobachtet das Strandgeschehen von einer erhöhten Warte aus, bis die Brandung Nahrung, Fische, Wasservögel und Aas, an den Spülsaum wirft. So verbringt es seine Wintertage auf dem Darß.

WINTEREINBRUCH

Längst hätte der Große Brachvogel an die flachen Lagunen des Mittelmeeres ziehen müssen. Nun hält der Winter ihn fest. Graupel und Pappschnee, zu einem schweren Vlies gefroren, bedecken die Flachwasserbereiche des Schaars. Der in Mecklenburg-Vorpommern immer seltener werdende Watvogel kann hier kaum nach Schlickwürmern stochern. Nur notdürftig ernähren ihn angespülte Miesmuscheln, kalt wie das Meer, die der Überwinterer samt Schale verzehrt.

WEITE

Schnee am Meer ist ein Sehnsuchtsbild geworden. Nur selten, im Abstand von mehreren Jahren, verwandeln sich Dünen, Wald und Boddenufer in eine weiße Fläche. Die Farben der Landschaft treten hinter den Schneeschleiern zurück. Ein kurzer Schauer im März kann durchziehenden großen Brachvögeln nichts anhaben. Auf den gehölzfreien Vogelinseln in der Boddenkette übernachten sie auf ihren traditionellen Sammelplätzen. Hier sind sie sicher vor allen pelzigen Beutegreifern, bemerken das Herannahen von Wanderfalken und Habichten schon von Weitem. Während die Feldhasen sonst gut getarnt in der beigefarbenen Dünenvegetation leben, verwandeln sie sich nun zu markanten Punkten in der offenen Schneelandschaft.

NEBELGRAU

Windstille im Oktober. Bevor die Kraniche nach Spanien fliegen, versammeln sie sich in der Boddenlandschaft. Nichts deutet darauf hin, dass sie warten. Sie rasten, suchen Nahrung, spüren dem Wetter nach. Doch in ihrem Inneren wachen sie über den richtigen Zeitpunkt für ihren Abflug. Die Fähigkeit der Kraniche, sich immer wieder neue Biotope zu erschließen, ausreichend Nahrung und milde Winter lassen ihre Brutpaarzahlen von Jahr zu Jahr steigen. Familien mit ihren Jungen, die noch zimtfarbene Federn an Kopf und Hals tragen, finden sich nach der Brutzeit in der Boddenlandschaft ein. Die Kraniche sind das ganze Jahr in allen Lebensräumen anzutreffen. Sieht man sie nicht, bezeugen Rufe ihr Dasein.

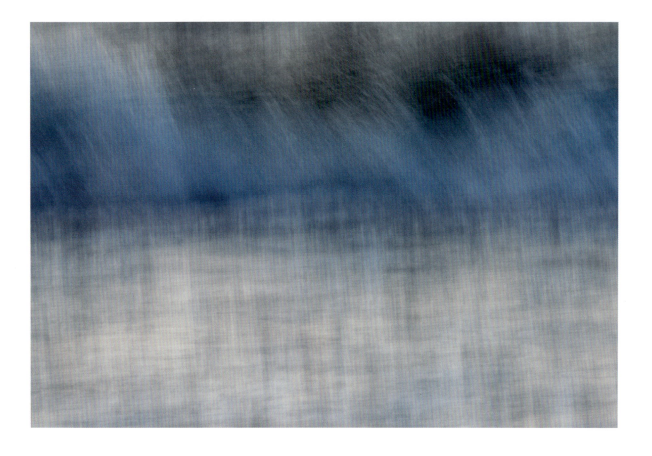

NEULAND

Halbgeschlossene Lider. Farben, Konturen, Flächen verändern sich, ein neues Küstenbild entsteht. Im Nationalpark wirken natürliche Dynamiken ohne Küstenschutzmaßnahmen. Tag für Tag zieht die Natur neue Grenzen zwischen Wasser und Land. Das Meer verfrachtet mit der Strömung losen Sand, ohne menschlichen Eingriff, baut ihn hier ab, lagert ihn dort an. Land geht verloren, Neuland entsteht.

NACHFOLGE

Ein leuchtender Maiwald aus Moorbirken und Sumpfschwertlilien auf
dunklem Torf. Das vitale Moor wächst weiter auf, wird über Jahrzehnte
allmählich trockener, bis Buchen den Birkenwald ablösen und mit
ihnen die Goldnessel gedeihen kann. Es scheint, als sammelte die Pflanze
Licht in ihren Kelchen, das neue Lichtfiguren ins Gras zeichnet.

LAGUNE

Auf Hiddensee teilt eine Düne die Landschaft des Bessins in zwei gegensätzliche Teile. Während die Luvseite der Düne dem offenen Meer, Wind und Flugsand ausgesetzt ist, ruht auf der Leeseite die flache, fast völlig vom Meer abgetrennte Lagune. Ihr sanft bewegtes, warmes Wasser ist Brutstatt für eine Vielzahl von Fischen und Vögeln.

LETZTE GLUT

Am Ende des Tages setzt die blaue Stunde ein. Der Weststrand ist leer, kein Boot auf dem Bodden. Obwohl die Sonne schon untergegangen ist, flammt der Himmel noch einmal auf. Wolkenstreifen schimmern in Rosa und Violett: die letzte Glut, bevor es graut und die Nacht wie ein Tuch großflächig in der Weite ausgelegt wird.

DÄMMERUNG

Im Frühjahr und Herbst ziehen viele tausend Kraniche durch die Boddenlandschaft.
In der Morgen- und Abenddämmerung erscheinen sie als Ketten am Himmel.
Sie sind auf dem Weg zu ihren Schlafplätzen auf Inseln sowie im Flachwasser geschützter
Buchten oder zu ihren Nahrungsflächen auf abgeernteten Wiesen und Feldern.

NOMADEN

Von Oktober bis März ist der Alpenstrandläufer Gast an der südlichen Ostseeküste. Viele tausend Jahre war er hier als Brutvogel zu Hause. Erst im Zuge der neuzeitlichen Klimaerwärmung hat er die letzten gut behüteten Brutplätze aufgegeben. Nur die Tundren im hohen Norden wissen noch von schlüpfenden Alpenstrandläuferküken. Die etwa starengroßen, emsigen Watvögel stochern im Sand nach Nahrung. Dabei stieben sie immer wieder auf und bilden Federwolken in der Luft, als zöge es sie weiter fort, tiefer hinein in die Kälte.

HOHE DÜNE

Am Strand, wo der Spülsaum des Meeres beinahe auf Höhe Null liegt, ragt plötzlich eine dreizehn Meter hohe Düne auf wie ein Berg. Dieser Berg steht nicht still. Unablässig arbeitet der Wind an seiner Gestalt. Ist der Wind so schwach, dass ein ruhender Raum entsteht, beginnen Sandsegge und Strandhafer Rücken und Hänge der Düne zu befestigen; eine Weißdüne entsteht. Indem die Gräser Flugsand festhalten, gewinnt das Werk an Höhe und Bewuchs. Am vorderen Rand des Strandes bleibt die Düne weiß. Im Hinterland wird sie zur Graudüne, indem Flechten und Moose den Sand besiedeln und verdecken. Später, wenn Pflanzen wie Heidekräuter, Farne, Sanddorn und Kiefern die Düne und den Boden mit organischem Material anreichern, verwandelt sie sich in eine Braundüne. Ein Wildwechsel, der die Pflanzendecke durch immer wiederkehrenden Tritt aufgerissen hat, mag Ursache dafür gewesen sein, dass der Wind verwehen konnte, was er einst abgelagert hat. Ausblasungen entstehen, bis die Wurzeln blank liegen und die alte Kiefer fällt. Immer ist die Düne unterwegs, Zentimeter für Zentimeter, Jahrzehnt um Jahrzehnt. Ein wandernder Berg im flachen Küstenland.

VOGELGESTÖBER

Hunderte Brandseeschwalben sind von der Atlantikküste zurückgekehrt und haben
ihre Kolonie im Salzgrasland der Boddeninsel bezogen. Es scheint, als bildeten sie den
Körper eines einzigen Vogels, wenn sie im Grünen still beieinanderstehen und
über ihren Eiern brüten. Dann, plötzlich, stieben sie auf und gleiten über die Hohe Düne
hinweg aufs Meer, um zu fischen. Erst nach einer Weile fügen sie sich wieder zu
einer ruhenden Form zusammen, die allmählich in Richtung Brutplatz zurückfliegt.

AVANTGARDE

Am Strand, wo selbst anspruchslose Pionierpflanzen keine Chance zur Ansiedelung haben, finden sich erste Brutvogelarten ein: Sandregenpfeifer, Säbelschnäbler, Austernfischer und die vom Aussterben bedrohte Zwergseeschwalbe. Sie legt ihre sandfarbenen Eier in eine kleine Mulde, wo sie nicht von den Steinen der Umgebung zu unterscheiden sind. Ebenso unsichtbar sind ihre gut im Dunenkleid verborgenen Küken.

VOR DEM VERSCHWINDEN

Ein Strand, auf dem sich keine einzige menschliche Fußspur abzeichnet. Nur in der Nationalpark-Kernzone des Darßes sind einige wenige Strandabschnitte so unberührt. Hier lebt der extrem seltene Küsten-Sandlaufkäfer. Seine Larven graben fragile Röhren in den feuchten, vom Salz des Meeres klebrig gewordenen Sand. Das unterirdische Bauwerk dient den Tieren als Versteck, von dem aus sie Strandfliegen erbeuten. Jeder Fußtritt würde den Unterschlupf der Larven zerstören und die Tiere töten.

MIKROKOSMOS

Es scheint nur so, als ruhte der Strand. Der Sand ist Wind, Witterung und Meer beständig ausgesetzt. Er ist ein Reisender, der sich aus unzähligen Kleinstreisenden zusammensetzt. Unaufhörlich werden die winzigen Quarzkrumen geschliffen, verfrachtet, neu angeordnet. Im Windschatten des Treibholzes bilden sie eine kleine Dünenlandschaft. Eine Buche keimt im Sand, von Sickerwasser angeregt. Die Großlandschaft aus Wald, Sand und Meer wiederholt sich am Rand des Spülsaums, der Grenze zwischen den Elementen, im Kleinen.

SCHARFSINN

Der Blick des Seeadlers ist klar und konzentriert. In seinen
Augen wiederholt sich die Farbe des bernsteinfarbenen Schnabels.
Seeadler sehen nicht nur ungleich weiter als Menschen, sie
nehmen auch ein größeres Spektrum an Farben wahr. Weil sie
viele Nuancen von Weiß sehen, können sie auch im Winter jagen,
wenn ihre Beute sich in Eis und Schnee verborgen hält.

STILLE

Die Schilfhalme stehen beieinander wie eine Wand. Ein dichtes Geflecht aus Althalmen
durchzieht die Spreuschicht. Unter ihrer Oberfläche ist Wasser verborgen.
Plötzlich: eine Hirschkuh mit Kalb. Sie ziehen zum Äsen weiter in den Birkenmoorwald.
In Schilfwäldern und unbegehbaren Mooren finden sie ihren Schutzraum.

DIE KERNZONE

Den empfindlichsten und schutzbedürftigsten Teil des Nationalparks zu betreten, ist untersagt. Die ausgedehnten Schilfflächen und Moorwälder abseits der Wege sind ohnehin nicht betretbar. Dass das Rotwild hier direkt am Meer lebt, ist in Deutschland einzigartig. Wenn die ersten kalten Nächte im späten August den Herbst ankündigen, dröhnen Brunftrufe durch die Stille. Dann beginnt die hohe Zeit. Kapitale Hirsche präsentieren auf den traditionellen Brunftplätzen in den Dünen ihre Kraft, und Hirschkühe grasen plötzlich in den Revieren der männlichen Tiere.

KRANICHNACHT

Am östlichen Ende der Halbinsel Zingst landen die ersten Kraniche am Spätnachmittag eines warmen Oktobertages. Weitere landen bei niedrigem Sonnenstand. Während die Dämmerung sich vertieft, werden es mehr, bis schließlich zehntausende Kraniche, kaum erkennbar in der Dunkelheit, eingetroffen sind, um ihre Nacht hier zu verbringen.

PRAMORT

Vor dem Deich, im knietiefen Wasser nahe der Werderinseln, haben Kraniche übernachtet. Einige Tausend stehen im Frühdunst des Oktobermorgens, warten auf klare Sicht und auflebenden Wind, den sie für ihren Abflug brauchen. Noch gibt keiner von ihnen das Signal zum morgendlichen Aufbruch. Ein brünftiger Hirsch durchquert das Gebiet der Kraniche. Eine plötzliche Unruhe erfasst die Vögel und treibt sie empor in die Luft.

TUNDRA

Im Oktober treffen die Nonnengänse in der Weite des Graslandes ein. Sie kommen von der sibirischen Eismeerküste. Das Winterquartier der Gänse ähnelt den Kältesteppen Russlands, tausende Kilometer entfernt. Die Gegenwart der Nonnengänse überwindet die Distanz, die Ferne wird zu einem fassbaren Ort.

BODENBRÜTER

Die Kormorane sind nur auf den ersten Blick schwarz. Es scheint, als seien sie mit Krähen ebenso verwandt wie mit dem Urvogel Archaeopteryx aus der Kreidezeit. Sie stehen auf Reusenpfählen, um ihre Flügel zu trocknen, rasten am Strand oder fliegen in langen Linien dicht über den Bodden. Sie sind es gewöhnt, auf Bäumen zu nisten. Hier, auf der Brutinsel, stehen ihnen weder Bäume noch Büsche zur Verfügung. Kurzerhand richten sie eine Brutkolonie auf dem Boden ein. Es gibt keine Füchse, die sie bedrohen könnten, doch, als gehörten sie zu ihnen, kreisen Tag für Tag Seeadler in der Luft. Obwohl es für die Seeadler leicht wäre, Kormorane aus den Nestern zu erbeuten, tun sie dies nur selten. Stattdessen stiften sie Unruhe, woraufhin die Kormorane ihre Fischbeute auswürgen, um erleichtert fliehen zu können. Nun greifen die Seeadler auf die warme Nahrung zu, die vorverdaut auf dem Boden liegt.

BESCHÜTZT IM UNBEGRENZTEN

Während beinahe an der ganzen Ostsee Küstenschutz geschieht, ist sich die Natur im Nationalpark selbst überlassen. Seit mehr als zehntausend Jahren wird den natürlichen Vorgängen der Raum gehalten, der Raum des Prozesshaften, der Wildnis. Ungehindert erschaffen die Kräfte der Natur Formen und Figuren.

LEBENDIGER AUSTAUSCH

Im Orkan treibt das Ostseewasser an seine südliche Küste. Bei Wasserständen von mehr als einem Meter über Normal greift jede Welle die Kliffkante am Darßer Weststrand an. Wo Jahrhunderte Wald das Land bedeckt hat, stürzen jetzt Baumriesen in die Wellen und werden seitlich verdriftet. Die Bäume verschwinden in der Ostsee oder werden an Stränden, weitab von hier, wieder angespült. Wenn der Strömungsdruck nachlässt, entsteht, Kilometer entfernt, durch Sedimenttransport und Ablagerung Neuland.

BUCHENWALD

Vom Offenland zum Darßwald. Von der nacheiszeitlichen Frostschutttundra zum Buchenwald. Eine Pflanzengesellschaft löst eine andere ab. Am Ende dieser Entwicklung stehen in Mitteleuropa Buchen und Buchenwälder, deren lichtarme Böden anderen Pflanzen kaum Überlebenschancen lassen. In weiten Teilen dieser Wälder wachsen jedoch Erlenbrüche, die Wildschweinen als Tagesverstecke dienen. Sonst folgt auf Buchenwald weitgehend Buchenwald, sich selbst wieder und wieder verjüngend.

SUNDISCHE WIESEN

Am östlichen Ende des Zingsts zogen sich einst feuchte Viehweiden und Mähwiesen hin.
Sie verliefen entlang eines Durchflusses vom Meer zum Bodden. Ein halbes Jahrtausend
mag der Name Sundische Wiesen die Landschaft schon überdauern. Es ist keine 50 Jahre
her, da verbargen Birken- und Fichtenwäldchen Raketenwerfer, die hier auf betonierten
Abschussbahnen standen. Inzwischen wächst Schilf auf den Relikten der Vergangenheit.
Später werden Wälder entstehen. Eine neue Wildnis ist gewachsen, die sich, während
der Name Sundische Wiesen fortbesteht, stetig weiterentwickeln wird.

NEUE WILDNIS
Müritz-Nationalpark

Müritz-Nationalpark

Wo sich heute der Müritz-Nationalpark befindet, lagen vor dreißig Jahren ein weit abgesperrtes Sonderjagdgebiet für den Ministerpräsidenten der DDR, das mit dem Ziel der *Maximierung der Geweihmasse* für einen intensiven Jagdbetrieb errichtet wurde, sowie ein Panzerschießplatz der Sowjetischen Armee. Außerdem wurde das Gebiet durch die intensive Forstwirtschaft mit ihrer Kahlschlagphilosophie auf großen Flächen und die Abwasserverregnung der Stadt Neustrelitz rund um Kratzeburg geprägt.

Die politische Wende 1989/90 war ebenso wie die Gründung des Müritz-Nationalparks von der Idee beseelt, dass von nun an alles besser, verantwortbarer und nachhaltiger werden sollte. Das war sehr visionär, denn dass die Sowjetische Armee einmal abziehen würde, war damals noch nicht absehbar. Sie verließ das Gebiet erst im Sommer 1993. Auch die Vorstellung, dass ein Nationalpark viele Besucher anziehen würde, konnte sich in einem jahrzehntealten Sperrgebiet niemand vorstellen.

Kann man die Natur sich selbst überlassen? Müssen wir Menschen sie nicht pflegend managen? Wie mag ein Wald aussehen, in dessen Kreislauf nicht eingegriffen wird? Kann es sich ein finanzschwaches Land leisten, Naturgüter nicht zu bewirtschaften? Welche Perspektive haben Menschen in einem Schutzgebiet, dessen Markenkern die *Wildnis* darstellt?

Diese Fragen haben unsere Region und die Gesellschaft in den ersten beiden Jahrzehnten intensiv beschäftigt. Die Natur aber hat unsere Gedankenwelten schneller überholt als wir ahnen konnten. In den *Wüsten*, die die Panzer hinterlassen hatten, steht heute dichter Wald, ohne dass auch nur ein Baum gepflanzt wurde. Die Wirtschaftswalder veränderten sich schneller als vorhergesagt und vormals entwässerte Moore wurden wiederbelebt.

Die Themen, die uns schon bei der Nationalparkgründung vor dreißig Jahren beschäftigten, sind heute Kernthemen der Politik: Erhalt der Biodiversität, Minimierung des CO_2-Ausstoßes, Herausnahme von Flächen aus der Nutzung mit dem Ziel der Wildnisentwicklung.

Auch wenn wir zu spät und noch zu zögerlich sein mögen, können wir aus den Erfahrungen der Nationalparkentwicklung viel in die aktuelle Zukunftsdiskussion einbringen.

Wenn der Müritz-Nationalpark heute für *heile* Natur steht und die Besucher sich an faszinierenden Landschaften und Naturerlebnissen erfreuen, ist das ein Indiz dafür, wie schnell Wunden heilen können. Die Bilder dieses Buches vermitteln das eindrucksvoll. Wer diese Landschaften mit offenem Blick betrachtet, wird noch viele Narben erkennen, darunter einige, die nie vollständig heilen werden. Aber der Nationalpark vermittelt Mut zum Vertrauen darauf, dass Natur viel vermag, was wir nicht können. Ich wünsche Ihnen, dass Sie nach einem Nationalparkbesuch mit dieser Zuversicht und schönen Bildern im Herzen gestärkt nach Hause zurückkehren.

*Ulrich Meßner,
Leiter des Nationalparkamtes Müritz*

FANFARENKLANG

Der Kranich hat sein Moor erreicht. Hinter ihm liegen kurze Nächte unter vielen Artgenossen. Sein Weg nach Nordosten führte ihn quer durch Europa. Nach tausenden Kilometern fand er den Platz wieder, an dem er ein Jahr zuvor gemeinsam mit seinem Weibchen ein Küken aufzog. Nun kreist er, landet und ruft seine Gefährtin. Ein einziger Fanfarenton. Stille. Lauschen. Erneut ein Ton. Bald wird auch sie zurückkehren.

AUFTAKT ZUM FRÜHLING

Noch bevor die Seeränder und Moore grünen, leuchtet ein Blauton in der Landschaft auf. Anfang April, wenn die Wärme zurückkehrt, färben sich die Körper paarungsbereiter Moorfroschmännchen zartblau. Ihre leisen, glucksenden Laute locken die erdbraunen Weibchen in das Flachwasser des Laichplatzes. Im Mai, wenn aus ihren Eiballen Kaulquappen geschlüpft sind, beginnt das Scheidige Wollgras zu fruchten.

ZWERGSCHNÄPPER

Ein winziger Vogel, der in der Höhe der Buchenkronen sein Nest baut, hier jedoch kaum Futter findet. Im ewigen Sommerschatten erklingt sein zarter Gesang, ist Teil eines verborgenen vielstimmigen Chores. Um satt zu werden und Nahrung für seine Brut zu finden, fliegt der Zwergschnäpper in den lichtdurchfluteten Birkenwald und durchsucht die Insektenverstecke der alten Eiche.

NESTBAU

In den Hallen reifer Buchenwälder muss man meist nicht lange warten, bis ein lautes, metallisches Kliüh in rascher Wiederholung erklingt. Genauer hinhören muss man, um ein monotones, bauchrednerisch dumpfes Ouuh ouh auszumachen. Harte Kjak-Rufe können das zwischen den Säulenstämmen aufgespannte Klangbild ergänzen. Schwarzspecht, Hohltaube und Dohle sind die Rufer. Die beiden Letztgenannten können hier nur leben, weil die größte heimische Spechtart, der Schwarzspecht, jedes Jahr eine neue Bruthöhle ins Holz zimmert und ältere Behausungen für Nachfolger frei werden.

NEUE WÄLDER

Urwälder gibt es hierzulande nicht, denn nur Waldgebiete, die seit ihrer nacheiszeitlichen Entstehung ungenutzt blieben, können so genannt werden. Hiesige Wälder wurden vom Menschen nach seinen Bedürfnissen gestaltet. Erst jetzt, von jeglicher Nutzung befreit und besonders geschützt, wachsen neue Wildniswälder heran, die urwaldartigen Charakter haben. Die alten Buchenwälder des Serrahn vermitteln einen Eindruck davon, wie Urwälder der Zukunft aussehen könnten. Dort fühlt sich der Waschbär heimisch, eine ursprünglich aus Nordamerika stammende Art, die vor 75 Jahren von Pelzfarmen entkam und sich erfolgreich ausbreitete. Waschbären nutzen Höhlen in den Wipfeln alter Bäume als Unterkünfte.

REFUGIUM

Das Totholz zeichnet Muster auf den Waldboden. Eine Füchsin nutzt Höhlungen unter dem Holz zur Aufzucht ihrer Jungen, die hier, in der Kernzone, ungestört heranwachsen. Von ihrem Versteck aus beobachten sie Rot- und Damwild, Rehe und Wildschweine. Das Totholz ist Teil eines lebendigen Waldes.

AM SEEUFER

Dort, wo die dichte Vegetation ins Wasser übergeht, finden viele Tiere ihren Lebensraum. Ein Schwarm Bekassinen findet bei sinkendem Sommerwasserstand Nahrung auf freiliegenden Schlammflächen. Der Biber wäre beinahe ausgestorben. Seit 50 Jahren nimmt sein Bestand jedoch allmählich wieder zu und er ist wieder an allen Gewässern zu finden.

RÜCKEROBERUNG

Überall in Norddeutschland hat der Mensch die Landschaft entwässert und dabei auch vor Moorwäldern nicht Halt gemacht. Sie galten als nutzloses Unland. Man grub ihnen das Wasser ab und pflanzte Kiefern an. Jetzt, wo in Schutzgebieten die moortypische Wassersituation wiederhergestellt ist, erobern Pflanzen wie Wollgras den Boden in der ertrinkenden Kiefernplantage zurück. Die Moorbildung setzt erneut ein. Ein Paar Sperlingskäuze hat hier, wo es reichlich Singvögel erbeuten kann, seine Bruthöhle bezogen. Europas kleinste Eulenart ist im Tiefland noch nicht lange zu Hause, breitet sich in Schutzräumen wie diesem aber weiter aus.

GRENZE

Wenn das Moor nicht von Sickerwasser genährt wird, lebt es vom Regen. Das Zentrum der dünnen, kaum tragenden Schwingmoorpflanzendecke ist kaum von höherer Vegetation bewachsen. Von den Rändern wagen sich immer wieder Bäume vor, doch ihre Wurzeln finden nicht genug Halt. Nach einer Reihe aufeinanderfolgender trockener Jahre fassen Kiefern Fuß, sterben jedoch in nassen Perioden wieder ab. Es ist ein sich stets wiederholender Kreislauf des Werdens und Vergehens, des Vorrückens und Zurückweichens, des Sichtbaren und des Unsichtbaren. Nur die aufgerissene Kulisse des alten Waldes offenbart, wo eine Grenze zwischen den Lebensräumen verläuft.

IM GEGENLICHT

Stille. Dann ein Geräusch im Wasser. Ein Eisvogel taucht blitzschnell aus dem See auf. Je nachdem, wie das Licht fällt, schillert sein Gefieder rostrot, kobaltblau, türkis. Er ist auf der Jagd. Gewässer, an denen der Eisvogel lebt, gelten als gesund, ruhen in ihrem natürlichen Gleichgewicht.

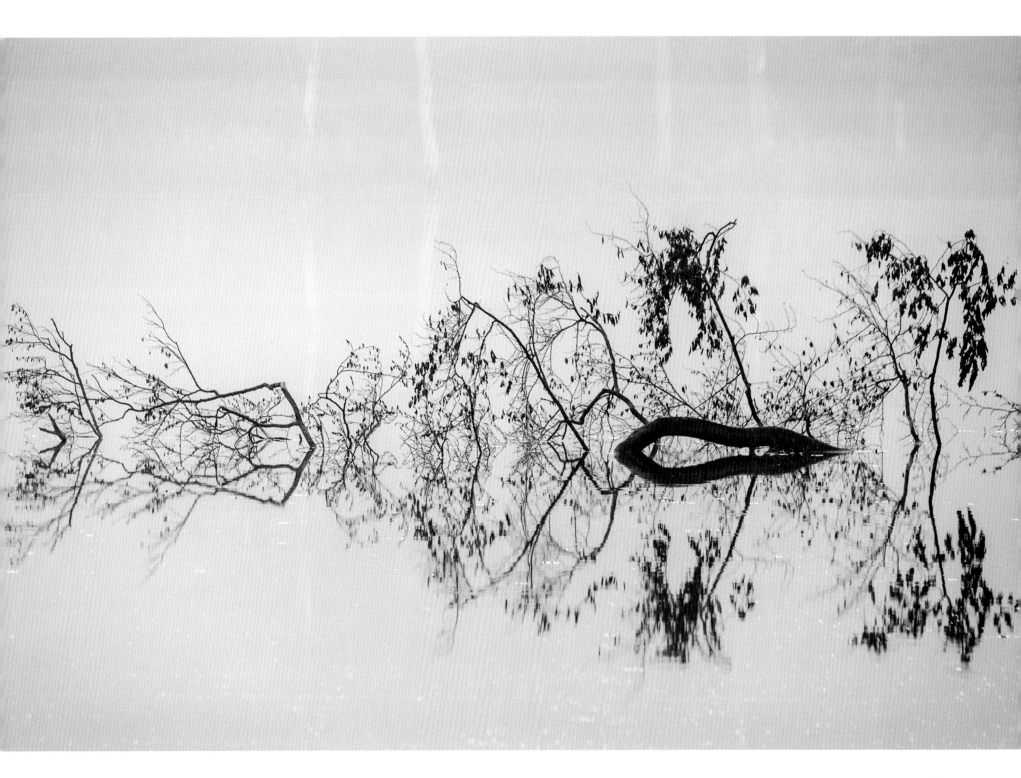

ERWACHEN

In der Nacht hat sich Nebel ausgebreitet: ein zarter Schleier, der auf dem See liegt. Darunter verbirgt sich ein Geheimnis. Als die Morgendämmerung einsetzt, erklingen Stimmen: erst ein Knurren, dann immer lauter werdende Rufe, ein triumphierendes Trompeten. Allmählich werden Köpfe und Körper sichtbar, bis der Nebel sich lichtet und den Blick erst auf hunderte, dann auf tausende Kraniche freigibt. Noch ist der Tag blaugrau wie das Gefieder der Vögel. Windstille. Die ersten Kraniche beginnen, mit ihren feuchten Schwingen zu schlagen und sich mühsam in die Luft zu erheben. Langsam nimmt das Licht zu, langsam leert sich der Schlafplatz der Kraniche im Rederangsee.

90   Müritz-Nationalpark

NUANCEN VON GRAU

Silhouetten. In der Ferne werden Kormorane sichtbar, die auf den Ästen der Erlen stehen. Waren die Vögel zur besten Fischfangzeit, dem Ende der Nacht, auf dem See und ruhen nun satt? Oder warten sie auf das Licht des Tages, das ihren Blick für die Jagd schärft? Die Stimmung der Vögel bleibt unsichtbar.

AUGENSEEN

Der Warnker See ist ein See unter vielen, die wie Augen aus dem Wald emporblicken. Entstehung, Untergrund, Größe, Wasserversorgung und Nährstoffsituation verleihen den Gewässern einen unverwechselbaren Charakter. Das Ufer eines Sees zu betreten, bedeutet, immer wieder in ein neues Gesicht zu blicken und eine Begegnung einzugehen, die voller Spannung und Tiefe ist. Hat der See einen dichten Gürtel Randvegetation ausgebildet, drängen sich Schilf, Rohrkolben, Sumpfblutauge und Wasserminze eng aneinander, ragen zusätzlich Grauweidenbüsche vom Land her ins Wasser hinein, wird in diesem Lebensraum eine Vogelart nicht fehlen – die Wasserralle. Fast nie ist sie zu sehen, verrät ihre Anwesenheit aber durch verschiedene, zum Teil groteske Laute. Selten sieht man sie über eine offene Wasserfläche schwimmen.

WECHSELNDES LICHT

Die Landschaft unter dem Käflingsbergturm scheint sich bis in die Unendlichkeit auszudehnen. Sie liegt da, als wäre sie seit Urzeiten nicht berührt worden. Beinahe sieht man noch Wisente, Auerochsen, Bären und Wölfe durch das Waldmeer ziehen. Inzwischen kehrt der Wolf tatsächlich wieder hierher zurück. Der Himmel über dieser Gegend ist weit geöffnet. Erst zieht ein Herbstgewitter über die Landschaft hinweg. Wenige Minuten später leuchtet sie unter den klaren Farben des Regenbogens.

BIRKENHAIN

Die Birken stehen in lockerer Anordnung vor einem dichten Wald, sie lassen viel Licht ein. Zu ihren Füßen gedeihen Pflanzen, die am finsteren Waldboden nicht leben könnten. Am frühen Morgen und späten Abend tritt Rotwild aus dem Dickicht und findet hier reichlich Äsung. Die Pflanzenfresser lassen es nicht zu, dass in kurzer Zeit Bäume aufwüchsen, die den hellen Birkenhain in einen schattigen Wald verwandeln würden.

FORTGANG

Über den Sommer haben die Seen Wasser verloren. Schilfdickichte sind ausgetrocknet. Unterseeische Terrassen treten zutage. Die Lebensräume und Verstecke von Fischen, Amphibien und anderen Wasserlebewesen schwinden, so dass der Fischotter leichte Beute hat. Alltägliche Streitereien der Graureiher um letzte Fische steigern sich unter diesen Umständen zu einem Duell.

STIMMEN DES BAUMES

Jeder Baum weiß vielstimmig über sein Leben zu berichten. Seine Gestalt spricht über die Wasserversorgung und Güte des Bodens. Seine Wurzelansätze erzählen von Verbiss, Vertritt und Huftieren, die den Baum passiert haben. Die Rinde, wenn sie überwallt, verrät die Verletzungen, wenn Äste jäh abgetrennt wurden. Lange Narben reden über Blitzeinschläge. Die Baumkrone, der Stamm und die Äste geben Auskunft über Geschichten und Verwandlungen, die sich in der Umgebung des Baumes zugetragen haben.

ARTEN DES LICHTS

Nachts zeigt sich die Eiche in ihrer ganzen Wesentlichkeit. Ihre Krone hat eine wurzelartige Struktur. Es scheint, als suchte der hundertjährige Baum nicht nur in der Erde Halt, sondern auch in der Luft. Als fände er Zuflucht in der Leere, während sich die Bäume im Hintergrund ineinander verflechten. Das Licht der Sterne fällt in das Gleißen der nächsten Ortschaft. Aus der Ferne betrachtet, bilden die Lichter der Gebäude und Straßen einen orangefarbenen Nebel, als brennte der Ort, als wäre er ein Glühen in der Nacht.

REICHTUM

Nach einem Gewitter ziehen Dunstschleier durch den Wald. Sie berühren, was sie vorfinden, Keimlinge ebenso wie Totholz, unterscheiden nicht zwischen Leben und Tod. Je größer der Artenreichtum, desto wertvoller ist ein Wald. Die Farbnuancen des Laubes, die auf eine große Vielfalt von Baumarten sowie ein üppiges Tier- und Pflanzenleben hindeuten, zeugen von diesem Reichtum. Das Totholz pulsiert vor Vitalität. Unzählige Insekten und Pilze leben in ihm. Nichts geht zu Ende im geschützten Kreislauf des Waldes.

KLEINOD

Der kleine Waldsee spricht eine leise Sprache. In der Tiefe mögen
Wesen treiben, in deren Augen sich die Seerosenblätter spiegeln.
Die Farben des Waldes glühen noch einmal auf. Der Torso der abge-
storbenen Buche erzählt von der Entstehung der Landschaft.
Totholz lagert auf dem Grabenaushub, hier beginnen neue Geschichten.

GOLDENE STUNDE

Für eine kurze Zeit im Jahr setzt vor der blauen Stunde die goldene Stunde ein. Eine Weile halten die Seerosenblätter das letzte Licht des Tages. Unter dem abgestorbenen Birkenwald haben sich die Seeterrassen in ein natürliches Seebett zurückverwandelt. In der Ferne scheint das neue Seeufer auf. Hinter dem Schilfgürtel tragen Birken zu dieser Zeit gelbes Laub und reichen das Abendlicht an die toten Birken weiter.

NOVEMBERMORGEN

Nebel. Allmählich verwandelt sich das Ungefähre in Bäume, die das Ufer bewachsen.
Kein Wind bewegt ihre Zweige. Der See liegt reglos unter einem weißen Gewölbe.
Kein Zeichen, das ein Vogel hinterließ. Am Grund stehen die Fische im kalten Wasser.

DAUER

Der Wald ist seit Monaten unbelaubt. Über den Herbst ist der Wasserspiegel gestiegen. Ein Seeadler landet auf den Seggenbülten des Randmoores. Frost überzieht den See mit einer feinen Schicht. Erster Schnee. Die Kälte bleibt für eine kurze Dauer.

NEUE WILDNIS

Nationalpark Jasmund

Nationalpark Jasmund

Die bizarren Kreidefelsen mit den urigen Buchenwäldern im Nationalpark Jasmund gehören zu den eindrucksvollsten Gegenden Deutschlands und ziehen seit jeher die Menschen in ihren Bann. Seit Jahrtausenden nagen die Elemente an der weichen Kreide und verändern so ständig das Aussehen des Kliffs. Das kommerzielle Interesse am Abbau von Kreide sowie der Wunsch, die Schönheit der Küstenlandschaft zu erhalten, führten bereits vor 100 Jahren zu Konflikten. Letztlich wurde durch eine Polizeiverordnung im Jahr 1929 der Abbau von Kreide am Steilufer untersagt und ein Naturschutzgebiet ausgewiesen. Anfang der 1960er Jahre erfolgte durch Lebrecht Jeschke der Vorschlag, diese einmalige Landschaft in einem Nationalpark zu sichern. Die erste frei gewählte Volkskammer der ehemaligen DDR beschloss am Abend des 12. September 1990 mit dem letzten Tagesordnungspunkt der letzten Sitzung ein Nationalparkprogramm, das am 1. Oktober 1990 in Kraft trat.

Die ersten Jahre waren schwer und durch einen ständigen Lernprozess geprägt. Nur durch die Unermüdlichkeit und Konsequenz einiger weniger Idealisten in dieser ersten Zeit stehen wir heute an einem Punkt, an dem der Nationalpark Jasmund mit seinen Schutzzielen gesichert und fest in der Region etabliert ist.

Der Nationalpark Jasmund ist mit einer Größe von 3.070 Hektar der kleinste der deutschen Nationalparks.

Bedingt durch die geringe Fläche, sind die Randeffekte besonders groß. Die Kreideküste zählt zu den bekanntesten Orten in Deutschland und die Menschen strömen in großer Zahl in den Nationalpark. Im Laufe der Jahre haben sich die Bedingungen für die Besucher deutlich verbessert. Die Hauptwanderwege sind, wo es möglich war, barrierearm ausgebaut und mit einem zweckmäßigen Rettungsnetz gekoppelt. Aus dem ehemaligen Militärstützpunkt am Königsstuhl entstand ein modernes Nationalparkzentrum, welches seit seiner Eröffnung im Jahre 2004 über 250.000 Besucher pro Jahr umfassend über den Nationalpark informiert. Weiterhin wurde 2017 am Standort der ehemaligen Waldhalle das UNESCO-Welterbeforum eröffnet. An diesem Wanderstützpunkt erhalten Besucher Informationen zum Weltnaturerbe der Buchenwälder.

Als *Entwicklungsnationalpark* sind in der Nationalparkverordnung zwei Aufgaben als Initialmanagement festgeschrieben: „…. die Nadelholzforsten in einen naturnahen Buchenwald zu entwickeln" und „…. die Moore mit gestörtem Wasserhaushalt zu renaturieren". Der Waldumbau wurde im Jahre 2017 abgeschlossen. Mit großer Unterstützung durch Freiwillige erfolgte unter Leitung von Bergwaldprojekt e.V. in den letzten Jahren die Renaturierung zahlreicher Moore. Weiterhin konnten inzwischen zahlreiche Altlasten im Nationalpark beseitigt werden: So wurden etwa eine Forellenzuchtanlage am Kollicker Bach, das Forst-Ferienlager in Buddenhagen und die Funkstation der Bahn auf dem Lenzberg bei Sassnitz abgerissen.

Ein großer Meilenstein in der Nationalparkentwicklung war im Jahr 2011 die Anerkennung von Flächen alten Buchenwaldes im Nationalpark Jasmund als UNESCO-Weltnaturerbe. Nunmehr sind auf über 90 Prozent des Nationalparks Jasmund menschliche Nutzungen eingestellt und die Fläche unterliegt einer natürlichen Dynamik. In dieser neuen Wildnis, wo Natur Natur sein kann, ist der Mensch als Gast gern gesehen und sollte sich von der Landschaft nur noch faszinieren lassen.

Dr. Ingolf Stodian,
Leiter des Nationalparkamtes Vorpommern,
Außenstelle Nationalpark Jasmund

WINTERWILDNIS

Im Schnee wirkt die Kreideküste der Welt entrückt. Über Jahrhunderte hat der Mensch Landschaften gestaltet: Wälder wurden zu Städten und Äckern, Flüsse zu Kanälen. Hier hält nur die Steilküste das Meer zurück. Kaum merklich wandert sie im Laufe der Zeit landeinwärts, sonst hat sie sich fast nicht verändert. Der Buchenwald auf dem Hügelland des Jasmunds stockt seit zweitausend Jahren. Das Muffelwild scheint mehr Teil der Winterwildnis zu sein als jeder Mensch, obwohl es erst vor wenigen Jahrzehnten hier angesiedelt wurde.

EISKREIDE

Jede Welle nimmt über hundert Kilometer Anlauf. Allmählich baut sie ihre Kraft auf. Ein furioses Meer rauscht auf die Steilküste zu. Findlinge im Wasser stellen sich ihm in den Weg. Der ansteigende Sand besänftigt es. Dennoch, die Wellen schlagen mit Wucht gegen die Küste, als wollten sie sie fortreißen. Ziehen sich die Wellen zurück, wachsen sofort neue nach, schlagen erneut gegen die Küste. So geht es stundenlang, tagelang, nächtelang. Das Wasser setzt sich gegen die Widerstände durch. Mit der Zeit unterhöhlt es das Ufer. Der tragende Fuß der Wand stürzt ein, Tonnen von Kreide stürzen wieder und wieder ins Meer. Später, als der Nordostwind landeinwärts abzieht, das Meer zur Ruhe kommt, bleiben vom Hochwasser nur ein paar Eisskulpturen zurück.

EISKUNST

Der Kieler Bach, das sauberste Fließgewässer der norddeutschen Tiefebene, besteht aus Regenwasser, das durch die Humusdecke des Waldes rinnt, gefiltert und durch den kreidigen Untergrund weich gewaschen wird. Wo der Bach über eine Kliffkante ins Meer fällt, bewahrt der Frost jeden Tropfen. Auf der Kreidewand zeichnen sich Muster ab. Die Äste verwandeln sich in Eisskulpturen, die sich unaufhörlich weiterbewegen und zu neuen Formen und Figuren zusammensetzen.

DIE FARBEN BLAU

Stille, bis auf das Rauschen des Meeres. Im letzten Licht des Tages verschwimmen die Grenzen zwischen den Elementen. Nuancen von Blau fächern sich auf. Das Tageslicht nimmt sich aus dem Himmel zurück und zieht in den Schnee. Das wechselnde Licht verändert in wenigen Minuten das Blau des Wassers. Das sanfte Dämmerungsblau wird ozeanisch. Es scheint, als dehnte es sich bis ins Unendliche aus.

KREISLAUF

Der kreidehaltige Untergrund scheint so dicht zu sein, dass er das Regenwasser hält. Buchen recken ihre Äste über den schwarzen Weiher. Der moorige Uferbereich wird von vereinzelten Erlen bewachsen. Doch als in der Tiefe Kreide korrodiert, versickert das Wasser durch Lücken und Spalten: ein Karstphänomen im Jasmund, das im Flachland unbekannt ist. Während die Erlen in der Restmoorsenke allmählich vertrocknen, finden Wasserfedern optimale Lebensbedingungen. Für eine kurze Zeit öffnen sie ihre zarten Blüten. Der schwarze, torfige Grund reißt in jahrelanger Trockenheit. Die Samen überdauern, bis die Spalten sich wieder schließen, Regenwasser die Senke flutet und die Wasserfedern ihr Weiß erneut über dem dunklen Grund ausbreiten können.

WALDORCHIDEE

Seit Jahrtausenden schneidet der Kollecker Bach in
die Kreide ein. Buchen, Jungwuchs und schütteres
Astwerk begleiten ihn. An den Hängen, wo Sickerwasser
hervortritt und schwaches Licht einfällt, wächst
das Steifblättrige Knabenkraut, eine Waldorchidee.

URWALD

Kreide verwittert, fällt in Klumpen aus der Steilwand. Kreidestaub und -granulat lagern sich ab. Der kahle Hang wird erst von Gräsern und Blühpflanzen erobert, dann entwickelt er sich zu einem Wald weiter. Ein schmaler Streifen, der echten Urwald beherbergt. Er wurde nie wirtschaftlich genutzt. Hier ragt der Königsstuhl auf, ein fester Kreidekegel, dessen Untergrund zu Kalkstein verdichtet ist und der jeder Witterung standhält.

AUFLEBEN

Nach langer Trockenheit fällt stundenlang sanfter Regen. Das Buchenlaub beginnt, silberfarben zu glänzen. Blätter nicken unter dem Gewicht der Tropfen. Maiglöckchen fangen das Wasser auf, leiten es zu ihren Wurzeln weiter, leben neu auf.

DAS ZARTE UND DAS MANIFESTE

Die kniehohen Blütenstände der Zwiebel-Zahnwurz sind von einer solchen Zartheit, dass es scheint, als schwebten sie über dem Waldboden. Ihre krümelartigen Brutzwiebeln sitzen in den Blattachseln, was ihrer Gestalt eine filigrane Symmetrie verleiht. Die Zwiebel-Zahnwurz gedeiht idealerweise in alten Buchenwäldern, wie sie am Rand der Kreidefelsen vorkommen. Ihre Zartheit spricht nicht von der Anpassungsfähigkeit der Pflanze. Die Zwiebel-Zahnwurz siedelt sich sowohl im Licht als auch in der Dunkelheit an.

IN DIE TIEFE

Hier könnte Caspar David Friedrich gestanden haben, ein Skizzenbuch in der Hand. Aus dem Entwurf, der an dieser Stelle entstanden sein mag, entwickelte Friedrich das Gemälde *Kreidefelsen auf Rügen*, eines der wichtigsten Werke der deutschen Romantik. Obwohl es einen idealisierten Eindruck vermittelt und seitdem mehr als zweihundert Jahre Erosion stattgefunden haben, lassen die Grundzüge des Bildes noch erkennen, welchen Blick auf die Stubbenkammer der Maler gewählt hat.

WEGEGEFLECHT

Diese Wege nahm auch Caspar David Friedrich vor zweihundert Jahren. Er passierte Buchen, die zu seiner Zeit schlanke Jungbäume waren und jetzt altehrwürdige Wesen im ewigen Buchenwald sind. Die Wege, Durchblicke, Farben des Meeres haben sich nicht verändert. Im Geflecht der Waldwege spielen das Flüchtige und das Beständige zusammen.

REGLOSES DASEIN

In den Buchenwäldern des Jasmunds genießt das Damwild beinahe das ganze Jahr über Jagdruhe. Es zieht zu allen Tageszeiten über Hügelkämme und durch sumpfige Täler. Unweit der Wege verharrt es in der Dunkelheit des Waldes, sobald ein Mensch sich nähert. Vielen Flaneuren entgeht diese Begegnung. Sie findet im Verborgenen statt.

IM ZWISCHENRAUM

Die Dämmerung, ein Spalt zwischen Tag und Nacht, lässt Traumbilder ein. Zwar ist das Abendlied der Singdrossel verklungen, doch noch verkündet kein Waldkauz die Nacht. Plötzlich erscheint, gleichsam in den Farben der Dämmerung, ein Dachs, nimmt in der Dunkelheit sein Tagwerk auf.

WIEDERKEHR

Die Steilwände des Jasmunds waren der letzte Felsbrutplatz des Wanderfalken im Nordosten Deutschlands, bevor er durch den Einsatz von Pestiziden beinahe ausgestorben wäre. Inzwischen ist die Art wieder hierher zurückgekehrt und zieht ihre Jungen in den Kreidespalten auf.

SPUREN DER DAUER

Unaufhörlich schleift das Wasser die Kreide. Das Laub nahegelegener Buchen bleibt ebenso haften wie die Nadeln der Lärchen, verdriftet von weither. Kreideschlamm, der abgelagert wird, bildet kleine Landschaften. In der Kreide überdauert Meeresgrund, ein Millionen Jahre altes Fossil.

KONTRASTE

Unter Vorsprüngen, geborgen in der Kreide, sicher vor
Regengüssen und Nesträubern, nistet ein Mehlschwalbenpaar.
In der Tiefe stieben Möwen über dem dunklen Gürtel
zerriebener Wasserpflanzen auf, setzen Kontrastpunkte.

BLAUES LEUCHTEN

Der Buchenwald: ein Meer, das sich ausdehnt. Auch das Kliff
hält den Wald nicht davon ab, ins Grenzenlose zu drängen.
Buchen stürzen in die Tiefe. Die Kreide bröckelt und bricht.
Die See nimmt sie in sich auf, als ein blaues Leuchten.

AUFTAKT ZUM HERBST

Der anpassungsfähige Spitzahorn wächst an Kanten und auf Abbruchterrassen, wo die langsam
wachsenden Buchen nicht gedeihen. Sein Laubgold bildet den Auftakt zum Herbst.
Es nimmt die Färbung der Buchen vorweg, als stünden sie miteinander in unsichtbarer Verbindung.

STRÖME

Das Geröll auf dem Meeresboden
schimmert durch die Wasseroberfläche,
erinnert an das Kopfsteinpflaster
alter Straßen. Die Strömung hat den
Sand fortgenommen. Die Kreide
auf dem Grund färbt das Meer in ein
mediterranes Türkis. Es oszilliert
über dem Hang wie ein zweiter Himmel.
Der Blick verschiebt sich, beginnt
noch einmal zu sehen.

AM HANG

Um diese Zeit glühen die Buchen am Hang, als begehrten sie auf. Manche entzünden sich ein letztes Mal, bevor sie in die Tiefe stürzen.
Die Landschaft nimmt den Sterbeton auf. Auch der Fuchs trägt ihn im Fell.

STILLE IM STURM

Die Brandung verschiebt die Grenze zwischen Strand und Kliff.
Möwen stehen, wie von unsichtbaren Fäden gehalten, in der Luft.
Plötzlich fallen sie ins Wasser herab, als wären sie Steine,
fassen nach Fischen und Muscheln, schnellen wieder empor und
stehen erneut still in der Luft, über dem Toben des Meeres.

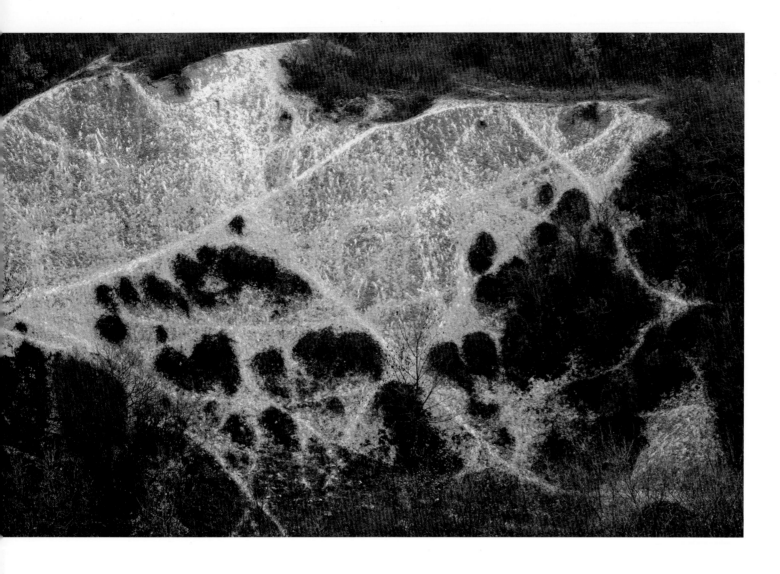

SPUREN

Staub, Algen und Erdbrocken zeichnen Spuren in die Kreide. Im Winter zieht Frost in die oberste Kruste ein und verwandelt sie in einen Panzer. Sobald die Schmelze einsetzt, blättert die Außenschicht ab und die Kreidefelsen leuchten wieder weiß, als stünden sie im Schnee. Wo das Damwild Halt in der schroffen Form findet, zieht es die Hänge entlang, wirkt mit an einer sich unablässig wandelnden Form.

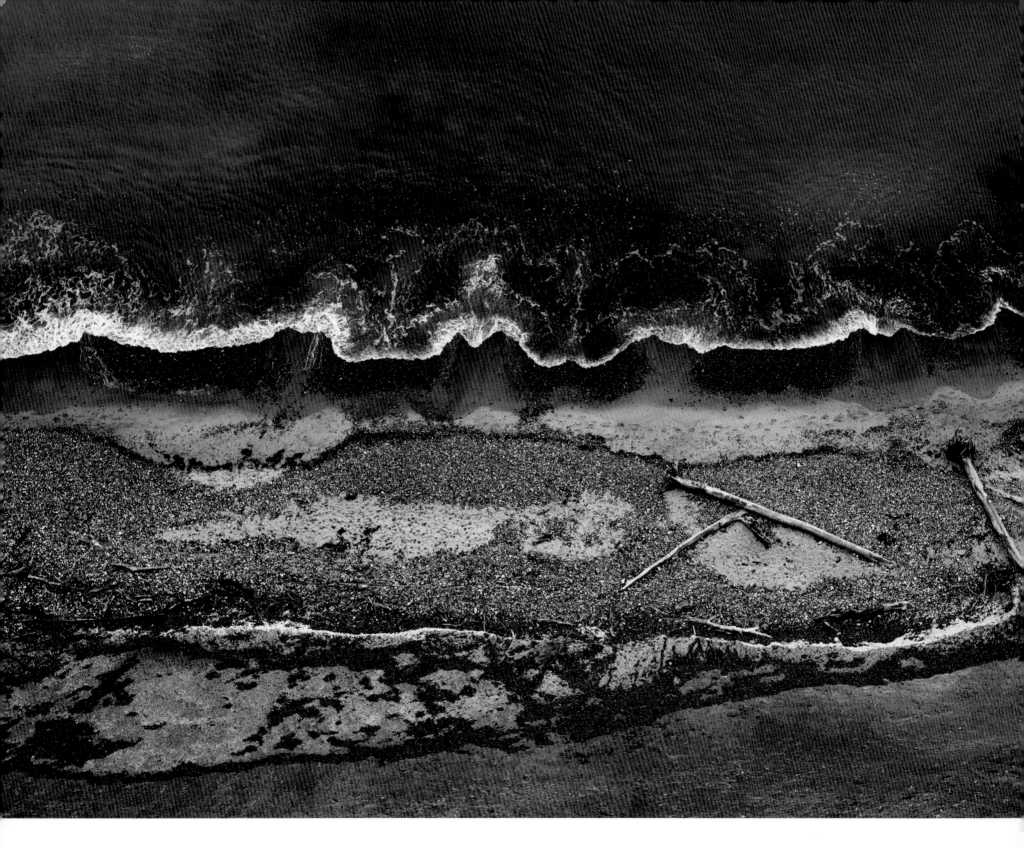

GEWICHT DER WINDE

Winterwinde branden gegen den Wald an. Buchen an der Abbruchkante neigen
sich dem Meer zu. Wurzeln, die im Sommer noch Halt fanden, reißen ab.
Das Meer greift nach den blattlosen Stämmen, fasst sie und trägt sie davon.

SCHERENSCHNITTE

Eine milde, windstille Nacht. Es scheint, als stünde der Wald im Nichts. Hinter dem Hang, der Abbruchkante der Kreidefelsen, tasten die Wellen leise nach Feuersteinschotter. Ein Rascheln wie von Laub. Die Schwärze der Nacht sammelt sich in den Silhouetten des Waldes, während der Mond ein abermals neues Blau in die Landschaft setzt.

IMPRESSUM

Umwelthinweis:
Der Inhalt dieses Buches wurde auf Papier mit chlorfrei gebleichtem Zellstoff gedruckt. Das Einbandmaterial ist recyclebar.

Die Deutsche Bibliothek – CIP Einheitsaufnahme

Neue Wildnis
Nationalparks in Mecklenburg-Vorpommern
Monika Lawrenz, Jürgen Reich, Roman Vitt
Steinfurt, Tecklenborg Verlag
ISBN: 978-3-944327-79-2
1. Auflage 2020

© 2020 by Tecklenborg Verlag, Steinfurt, Deutschland
Alle Rechte vorbehalten.

Gesamtherstellung: Druckhaus Tecklenborg, Steinfurt

Das Werk einschließlich aller seiner Teile ist urheberrechtlich geschützt. Jede Verwertung außerhalb des Urheberrechtsgesetzes ist ohne Zustimmung des Verlages unzulässig und strafbar. Das gilt insbesondere für Vervielfältigungen, Übersetzungen, Mikroverfilmungen sowie die Einspeicherung und Verarbeitung in elektronischen Systemen.

ISBN: 978-3-944327-79-2

DANKSAGUNG

Wir danken Prof. Dr. Hans D. Knapp und Prof. Dr. Michael Succow.

Wir danken der NUE Stiftung, den Leitern der Nationalparks Gernot Haffner, Ulrich Meßner und Dr. Ingolf Stodian sowie dem Förderverein des Müritz-Nationalparks, insbesondere Cornelia Runge und Axel Schultz, herzlich für die Unterstützung unserer Arbeit.

Wir danken außerdem Dr. Sonja Leipe, Willi Rolfes, Ute Duraj, Gertrud Schulz, Angelika Reich, Sandra Bartocha, Simone Angerer, Freunden und Gefährten, die uns in unserem Tun unterstützt und beraten haben.

LEKTORAT

Anke Bastrop

BILDNACHWEIS

© Monika Lawrenz: Umschlag Titel, Seiten 1, 2, 4, 20, 21–23, 26, 27, 33, 38, 41, 45–47, 58–60, 62–64, 66, 68, 71–72, 75–76, 79, 83–85, 87, 92–93, 95, 96–98, 103, 105–106, 108–113, 115–116, 120, 122–123, 126–128, 130–137, 139–141, 143–144, 146, 148, 151–157, 160, 163–167

© Jürgen Reich: Seiten 6, 8, 10, 12–14, 16–19, 24–25, 28–31, 34–37, 39, 40, 43–44, 48–50, 52–56, 61, 118, 121, 125, 129, 142, 145, 147, 149–150, 158–159, 161, 162

© Roman Vitt: Seiten 69–70, 73–74, 77–78, 80–82, 86, 88, 90–91, 94, 99–102, 114